人生小語

獻給母親

——母愛無法取代

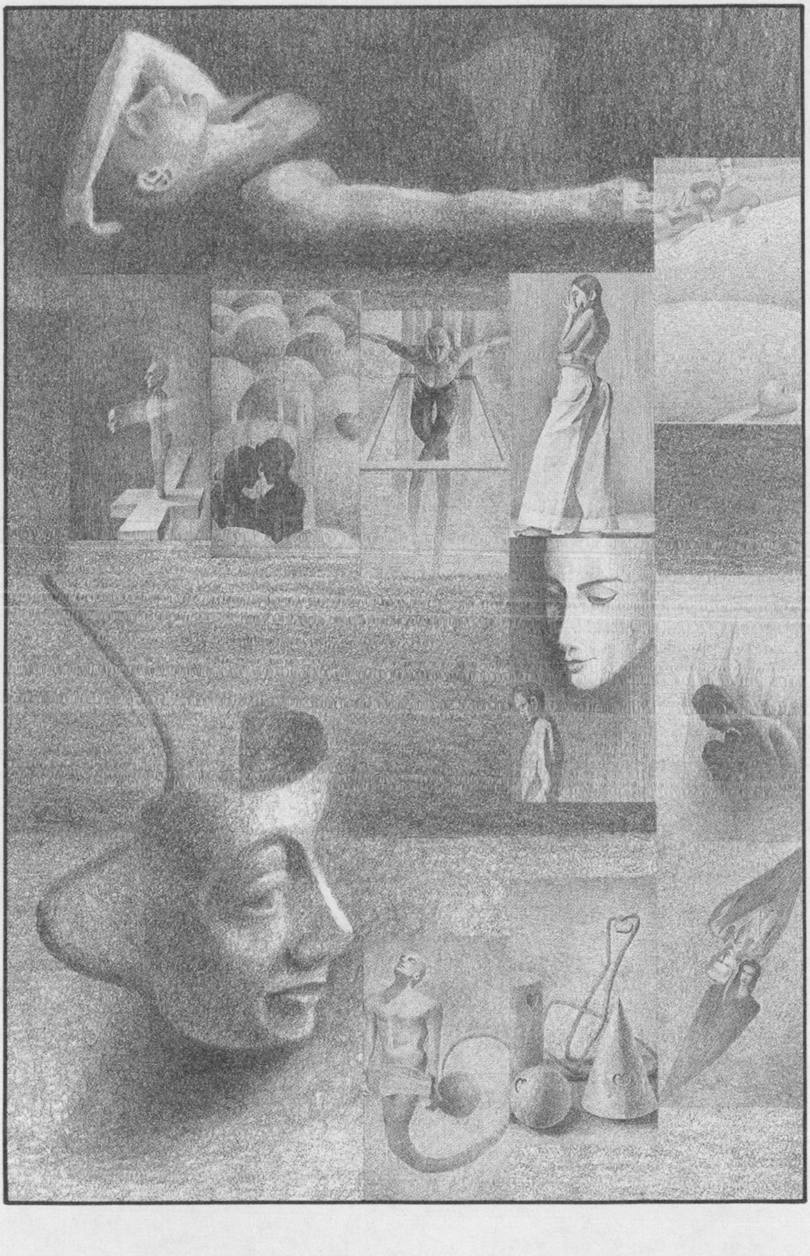

感覺・感情

——代序

人生充滿著形形色色的感覺。

人類塑造了深淺濃淡的感情。

每一種感情都隨伴著漪漣盪漾的感覺，可是任何一種感覺的漪漣盪漾並不自動澄清一份鮮明的感情，也不必然沈澱出一種恆常久遠的感情。

人體散佈和吸收形形色色的感覺。

人心開拓並經營深淺濃淡的感情。

感覺的奇彩不一定加強感情的深刻，可是深刻的感情卻開創出新鮮的感覺的色彩。

人生的成就不是感覺的聚合。

人生的價值在於感情的安排。

藝術不是為了發散人間的感覺。

藝術在於開拓天上的情懷。

一

愛是眞切。
情是輕柔。
性是激烈。

二

愛而無慾依舊是愛。
慾而無愛卻不是情。

三

愛令人深刻。
情使人迷醉。
性導人膚淺。

四

愛的時候，情向內心收聚，將它蘊濃，將它釀醇。

性的時刻，情向身外奔放，令它迸發，令它消蝕。

五

愛的時候，你給對方心靈的精華。
性的時刻，你給對方身體的存剩。

六

性是令對方感受活的快感。
愛是給他人享有生的幸福。

七

愛是把對方放在情的搖籃中，讓他輕柔地享受生的幸福。

八

愛是輕柔地讓對方吸啜人生的意義。

愛是真切。
情是輕柔。
性是激烈。

情是溫暖地讓對方吞食生命的精華。

九

愛是輕柔的吸啜。
情是溫暖的吞食。

一〇

愛是輕柔地感動對方的心靈，不是多情地撫動他的身體。

一一

人接受情的愛撫甚於手的觸摸，體驗心的感動遠超性的高潮。

一二

性不是愛的祕方，雖然有時它是情的遊戲。

一三
愛是輕柔的傳送。
愛不是激烈的爆發。

一四
愛是輕柔的淋灑，它是輕柔的感動。

一五
愛是性事之後的柔蜜，不是性事之前的激情。

一六
激情不就是愛，任何人都會激情。
（連公雞母雞也會。）

一七
性只到達高潮的滿足，愛卻包含著倦後的深情。

一八

高潮只是一己的快樂，它並不就是對方的感覺。

一九

有時高潮是感覺最大的眞實，但它往往也是愛情最大的謊言。

二〇

令對方因高潮而快樂，那是情的開心，有時也是愛的感覺。

二一

愛不只是一種感覺。它不只是快樂的感覺。

二二

高潮不能裝假，正好像愛不能裝假一樣。

二三

假裝的高潮不是高潮。
假情假意的愛不是眞正的愛。

二四

性是一種侵犯。
有甜蜜的侵犯，有粗野的侵犯。

二五

性在侵犯裡得到快感與高潮。

二六

情侶容許對方親密的侵犯。

愛不只是一種
感覺。它不只是一種
快樂
的感覺。

二七

愛是親密地包容對方，讓他侵犯。（並非對方容許我們侵犯，我們就有權侵犯。）

二八

幸福是性事之外的快樂，不是性事之間的快樂。

二九

幸福是高潮之外的快樂。

三〇

幸福是激情的快樂之後的柔情的快樂。

三一

幸福是快樂過後的快樂。

三二
幸福是快樂過後的快樂過後的快樂。

三三
幸福是無窮無盡的快樂。

三四
幸福是永恆的快樂。

三五
愛的溫情是雙方的交互感應，不只是一方的要求獲得了回響。

三六
愛的溫情不是自我一人的投影。

三七

有一天我們可以發展出「高科技」的性事的滿足，但卻不會有「高科技」的愛心的溫情。

三八

性事本屬官能上的事。
高潮只是感覺上的滿足。

三九

心中有愛，無需迴避感覺上的事。
心中無愛，不要貪求官能的滿足。

四〇

心中有愛，不必放棄親密溫馨的感覺。

四一

愛不只是一種感覺。
但它帶給人一種至高無上的感覺。

四二

戀愛中的人靠情度日，不是仰賴麵包過活。因此他因情清美，因此他爲情消瘦。

四三

愉悅的情令人清麗新美，傷懷的情令人枯萎消瘦——不論進食的麵包所含的養份。

四四

如果沒有一片深深的鄉心，音樂怎能引發幽古的鄉愁？如果沒有一份纏綿的情意，語言何來刻骨銘心的神奇？

四五

沒有一片優美的情懷，對方的身影怎會呈現動人的姿采？

四六
純情的戀使人變成一個精神主義者，進而提升爲懂得愛情的人。

四七
愛情是精神境界裡的事。

四八
只有精神主義者懂得愛情。

四九
情人的親密是在一起全無疏離，分開時充滿一份信心和安全感。

五〇

情在困苦之中令人憂鬱和傷感，但卻因爲有愛而不令人痛苦和失望。

五一

令人纏綿悱惻痛苦難當的往往不是愛，而是情。

有時是情裡的慾望。

五二

人生成長的道路上，含藏著迷失和沈落的危機。

五三

在迷失和沈落的危機裡，人生經歷痛苦的成長。

情的成長最是如此。

五四

幸運的人在情的成長上一帆風順，心得志滿。
可是不幸的人，一路顛簸困躓，坎坷難當。

五五

情的成長常有它的痛苦。
有的人在成長中付出了沈痛的代價。

五六

有的人自己有力擺脫過去的暗影。
有的人跌落過深，無力自拔。

五七

情痛過深的人常常需人扶持，始有繼續成長的毅力和勇氣。

五八

情的黑暗的過去依賴愛的輕柔的明光，使生命重新點燃出美好的希望。

五九
有些人在情上迷失沈落，卻以瀟灑脱俗爲藉口自慰和自欺。

六〇
在情上迷失沈落的人最需要勇氣承認自己的無知和錯誤，並且立志再起重生。

六一
經歷了慘痛的情的過去，一個人最需勇敢地向世界宣佈：「我已重生」。不只在内心默默立志，不再滑落到過去的記憶。

六二

過去不能只靠遺忘去加以割除。有意的遺忘往往只是無意的自欺。

六三

過去的割除必須勇敢宣佈，不只是默默決定。

六四

情的受創不只是生命的失誤，它更是心靈的刀傷。

六五

慘痛的情的過去往往纏繞著今日愛的新苗，令它舒展困苦，成長失調。

六六

慘痛的情不加斷然埋葬，清澈的愛無法順利成長。

六七
初戀常常是情的練習。
它有時帶給人太深太痛的傷。

六八
不堪回首的是慘痛的初戀經常發生在最光彩明豔的人生季節。

六九
在情方面沈迷墮落，怎可盲目試圖用愛將它包裹化妝。
愛不可用來自欺欺人。

七〇
性的慾望可以加上情的柔焦鏡，但卻不可用愛加以蒙蔽僞裝。

七一

性是自然的事。
情令它迷魂沈醉。
愛使它超遠提升。

七二

戀裡充滿情的迷醉。
可是情迷並不就是愛。
愈深的情迷愈不一定就是愛。

七三

有時我們必須斷然割除情的迷亂，否則我們終久會發現包在外殼的只不過是變質的愛的糖衣。

七四

愛的糖衣不是愛。
變了質的愛的糖衣，更加與愛絕緣。

七五
有人因陷落在情的過去，無力脱身迎向愛的將來。

七六
迷亂的人讓情的過去傷損愛的將來。

七七
迷亂的人將愛的糖衣當作愛的眞象。

七八
情的迷亂的過去必須堅強地加以正視，不可懦弱地加以掩藏。

七九

將暗淡的情的過去從己身的生命裡割除，清澈的情才有重生的希望。

八〇

重生就是與過去割裂，宣佈過去的我不再是一個拖累自己的自我。

(「人身等同」的哲理問題在情上最有它迫切的必要性。)

八一

被割除的過去不再是親切的自我，而是一個遙遠的他人——一個飄遠了的第三者。

八二

重生的人割除了痛苦的過去，他重新安排了過去的痛苦。

八三

重生之後，現在的自我不再接續著過去的他人。這時記憶的連續不是生命的含容。

八四

對於一個業已重生的人來說，過去的自我已成今日的他人。於是可以對他人勇敢正視，於是可以擺脫他人的陰影。

八五

情的不幸往往不能只用知識加以開導，它所需要的是一份深情的包涵和衛護。

八六

有些人在情的不幸中跌倒不起，直到有人伸出愛的援手。

八七

在情上受了深傷的人需要另一份深情，陪他復元，伴著他一起再生。

八八

經歷過情的不幸的人，往往才深深體會愛的意義。

八九

這個世界有時很沒有溫情。我們往往沒有同情那些遭逢情的不幸的人。我們甚至未嚐試圖瞭解他們。我們常常沒有給人重生的機會。

九〇

有情是呵護那些在成長的道路上迷失受傷的心靈。

九一

愛的溫柔令憔悴的心靈重生，恢復初時那處子樣的品質。

九二

在人生的旅途上，雖然後悔無益，可是多少時候，當我們靜心迴想，以往若有一點先見和意志，生命會添增多少欣喜與平安。

九三

人生需要清澈的心靈。

九四

愛情不是隨風飄盪的感覺。

九五

張眼四望，有時令自己的心情飄失迷惑。

內省沈思，常常把自己原有的愛心結晶凝固。

九六

外物的誘惑令心情迷失。

內心的理想將飄盪迷惑的心情繫住。

九七

愛不只是一份心情。

九八

愛不是激盪纏綿的心情，但它孕育豐滿富足的情懷。

九九
少小的時候，迷惘的情懷依戀著模糊的愛心。成長的特徵是清澈的愛心照顧著容易迷失的情懷。

一〇〇
在激盪的情懷中迷失的心，不是眞正的愛心。

一〇一
愛的藝術是怎樣不迷亂於激盪的情懷，堅決呵護貞潔的愛心。

一〇二
人因愛常常孕育激盪纏綿的情懷，可是纏綿激盪的情懷本身並不自動孵育清純堅貞的愛心。

一〇三

外物的引誘令
心情迷失。
內心的
理想將飄盪迷惑的心情
繫住。

人生充滿情思的風雨，愛情的可貴在於它能在冷雨寒風中孤傲獨存。

一〇四

在生命的春暖裡，所有的動物都容易生情。但是在烈日下，在寒風裡，甚至在冰天雪地的人生時刻，人類依舊存有清純堅貞的愛心。

一〇五

愛或許容易在和暖的春風裡滋生，但它並不因風飄零，也不隨季節換妝。

一〇六

情的喚起是一聲音符，它要求另一個完美結論的休止符。

一〇七

情追求完美的創作。
情渴望無悔的結論。

一〇八

愛使情的創作完美。
愛令情的結論無悔。

一〇九

完美的情是愛之情。
愛之情是完美的情。

一一〇

無悔的情是愛之情。
愛之情是無悔的情。

一一一

情追求愛的創作。

情渴望愛的結論。

一一二

有的藝術只激盪感覺。
有的作品卻撼動性靈。

一一三

有的情懷只引發感受。
有的情思卻提升性靈。

一一四

「返回自然，歸於清純」——這是對任何藝術走入繁瑣累贅時的呼喚。
人生的感情也是一種藝術。求其清純，求其自然。

一一五

感情的節制正好似手藝的修習一樣，是在陶冶磨鍊之中，培養出超凡脱俗的境界。

一一六

藝術的創作者有時提升了藝術的前景，有時卻封閉了藝術的出路。

不是心虛意誠的藝術家往往敗壞了藝術的品質。正好像不誠不敬的戀愛者敗壞了愛情的素質一樣。

一一七

藝術家有時是藝術的最大敵人。

藝術的前景受到一些喧鬧的藝術家的威脅。

（常人往往誤用藝術，但卻缺乏敗壞藝術的能力。）

一一八

有的情懷
只引發
感受。
有的情思卻
提升
性靈。

藝術是人生的表現。但是人生的許多形形色色有其他更有效、更直接的表現方式。並非人生百態，生命萬種皆要形諸藝術。

一一九

優美的樂音本來就不適宜用來謾罵，你若要使用音樂來謾罵，你先要把音樂俗化和醜化——化成令人難以忍受的噪音雜響。

一二〇

人是記號的動物。我們不必事事形諸武力和赤裸的感覺，而可以宣之於記號的意義與內涵。

一二一

藝術讓人欣賞與理解，不是要人接受轟炸和打擊。

一二二

藝術並非萬能。

藝術家也不要心想統治一切。

一二三

對於人世間的許多事，藝術顯得無能爲力。

有時沈默才是正確的表達，一旦開口出聲也就

誤用了語言。

一二四

誤用藝術，也如誤用語言一樣。不該出聲時就

宜沈默。不同的是，藝術比日常語言更要小心

使用，珍惜如金。

一二五

有些凡俗的事的確可以演爲藝術，但我們不要

只是創造凡俗的藝術。

藝術有它的高貴性。

一二六

藝術的高貴不在於它是稀有的品種，它的高貴在於人性的高貴。

藝術是人性的希望。

一二七

一味只知任性宣洩的藝術家不懂得人生努力指向高貴的寄望與掙扎。

一二八

有些藝術家要反理性，反合理化，反人性的神聖化。他們要訴諸感官，訴諸天生的衝動。

一二九

藝術家也要一片高超的心胸，不只一點粗壯的熱力。

一三〇

藝術家要講究素質，在急就章的時代環境裡，培養不了偉大的藝術家。

一三一

不要因爲「不得已」而成了藝術家。人可以在其他方面耕耘努力。

一三二

藝術家最要忠於人性的理想，當一個人背叛了人性的理想，他的藝術境界已經結束。人可以不當藝術工作者，但不可隨意宣稱一切作爲皆爲了藝術。

藝術的可貴
不在於它是
稀有的品種，
它的
高貴在於
人性的可貴。

一三三
藝術家不只在創作作品，他也在維護藝術理想，拓展藝術境界，開發藝術精神，提高藝術品質。

一三四
藝術家爲什麼能贏取敬重——如果他跟平常人一樣粗俗平凡？

一三五
我們不可以愛爲名從事一切；我們也不可以藝術爲名爲所欲爲。

一三六
在藝術的表達上，也有不忍心的事。我們不忍心敗壞藝術的品質和理想。

一三七

藝術家有時不得不毀棄自己的作品，不僅由於害怕名聲受累，也因爲不忍心令藝術受辱。

一三八

藝術家不只是創作藝術的人，他也是愛藝術的人。

愛藝術的人對藝術有一份虔誠的敬意。

（有所愛者有所敬，無所敬者無所愛。）

一三九

聽說有人誇口「人人是藝術家」。這好比宣稱「人人是聖人」一樣。

當人人是聖者，那麼那些殺人放火，胡爲亂來的人呢？

一四〇

製造人間的垃圾和創作生命的藝術之間，總有一段艱辛而明正的距離。

一四一

在這個變化急速的時代，藝術受到極大的威脅。追求快速令許多藝術家捨棄需要經年累月苦心經營的創作方式，改而採取易於短期之間獲得成就的路線。

這現象可以理解，但卻不宜誇大，說成是藝術在時代的巨大壓力下，本來理該如此。

一四二

藝術之偉大也在於它反潮流，也在於它開創新的時代。

一四三

凡俗的事物可以成爲藝術的題材。但是，重要的是它必須經過「藝術的」處理和加工。什麼是藝術的處理和加工？它的目的何在？它的意義何在？它的結果爲何？這裡顯現藝術的眼光，藝術的技巧，藝術的關懷與藝術的修養。

一四四

天生自然的不是藝術，隨意惹起、無心創作的不是藝術。所以天象風景不是藝術，垃圾亂堆不是藝術。

一四五

改變自然可以成爲藝術，不順從先天衝動也可以成就藝術。所以建築可以是藝術，愛的性事可以是藝術。

一四六

在人間，藝術的表達不一定是最強烈的表達，也不一定是最有效的表達；更不能淪為最粗俗、最低賤的表達。

一四七

藝術的表達是最美好的表達，它是最有價值的表達。

因此藝術品成為鑑賞的對象，成為收集珍藏的對象——不僅僅是被理解的媒介。

一四八

人生最高的表達是藝術的表達。

愛的表達是藝術的表達。

愛是人生的藝術。

一四九

「瞬間的藝術」只能理解，不能珍藏。

它只能事後言詮，不能再現再賞。

一五〇

性愛的藝術經常是瞬間的藝術。

一五一

如果只求被理解，藝術家爲什麼一定要訴諸藝術——他不也懷有更直接、甚至更有力的表達方式？

一五二

如果一定得要通過藝術才能表達，那顯然不只是概念或心意的理解。

一五三

藝術家也在開拓藝術的不可或缺的必要性。

性愛的藝術經常是瞬間的藝術。

一五四
藝術不是可有可無。
藝術家不可或缺。

一五五
雋永的感受起於靜觀冥想。
藝術必須提供給人深思細想、靜默觀賞的機會。

一五六
藝術提供多元、多方、靈活、含蓄的理解。

一五七
簡單的繪圖用來示意，有如普通的言談文字。
繪畫藝術的作品有如洗鍊精製的詩句。

一五八

藝術也可以潦草從事。那是壞藝術。

(藝術當然有高下等級的區別。)

一五九

討論一般語言文字的表達方式和其他視覺藝術的表現方式之間的差異，那是件重要的事。我們可以從中探索藝術表現的特徵。

一六〇

藝術家選取甚至發明一種特定的語言來表達。選取了特定的語言，也就跟著帶來特定的優點和限制。

一六一

藝術家常常需要或多或少發明創造自己的語言。

怎樣將自己創造發明的「私人語言」詮釋衍發成爲可供他人欣賞交流的「公衆語言」，那本身就是一個辛苦的創作過程。（維根斯坦已試圖證明私有語言不可能存在。）

一六二

在表達的方式上，選擇——包括語言的選擇本身——就是一種表現方式。人生有不盡其數的可能表現方式。不同的表現方式隱含著不同的意含內容和價值內容。

一六三

人可以將愛情當作高貴的藝術去締造，也可以將它看成慾望的化身去宣洩。珍視愛情，正好像珍視藝術一樣；糟蹋藝術也就有如糟蹋愛情。

一六四

忠於藝術有如忠於愛情。人可以爲愛情而活，爲愛情而死；也可以爲藝術而活，爲藝術而死。

一六五

眞心爲愛情是件辛苦的事，特別是當你的對象不瞭解眞情的愛。眞心爲藝術也是件辛苦的事，尤其是你的觀衆不瞭解藝術的本質。

一六六

眞正的藝術不只用概念和技巧就可以成就——眞正的藝術靠生命專注灌溉。愛情也是一樣。

一六七

我們不宜將藝術粗淺化，正如不應該將愛情粗淺化一樣。粗淺化的藝術淪爲非藝術，甚至反藝術。粗淺化的愛情變作非愛情，甚至反愛情。

一六八

有時藝術家是藝術的最大敵人，正好似戀者變成愛情的最大敵人一樣——如果他們不有所不忍，不有所不爲，不有所畏懼，不有所敬仰。

一六九

人可以不爲藝術，但不要藉藝術之名敗壞藝術。人可以不戀愛，但不要以愛情之名敗壞愛情。

一七〇

藝術何價？愛情何價？

藝術無價，愛情無價。

一七一

藝術何爲？愛情何爲？

藝術表達何事？愛情表達何事？

一七二

藝術不表達所有的事，愛情也不表達所有的事。

藝術表達最高貴的事，愛情也表達最高貴的事。

一七三

不表達高貴的事，違反了藝術。

不表達高貴的事，違反了愛情。

一七四

低俗的事不必用藝術去表達。
低俗的事不必用愛情去表達。

一七五
藝術何辜，我們何必以它之名去糟蹋它？
愛情何辜，我們何必以它之名去敗壞它？

一七六
愛情不能太過「現實」。
藝術不能太過「現實」。

一七七
太過現實，欠缺了精神境界。
藝術和愛情都是精神境界的事物。

一七八
藝術創作不同於藝術教育。

藝術教育——尤其是普及教育——可以只求建立低度平常的藝術眼界，養成「業餘」的藝術活動。所以對常人而言，能將凡俗的事物處理得「有點藝術味」，已經難能可貴，無需苛求。可是這不是藝術家的境界。

一七九

正好像常人只需要求文字通順，語言達意。可是文學家或詩人就需要比較高度的成就。我們並不去鑑賞和珍藏凡常的語言和文字。

一八〇

我們處在自由開放的社會。我們懷有容忍包涵的精神。因此我們眼見許多「藝術垃圾」的存在。

一八一

當然並不是所有製造藝術垃圾的人都是無能的藝匠，但是這些人絕大多數無法擺脫無知的糾纏。藝術界的確有一些有情有志之士在製造垃圾。只可惜有情有志之士並不自動變成有知有識之士。

一八二

藝術家當然可以表現對時代的反抗和對世界的關懷，對政治的參與和對世事的興趣，但是他們必須慎重選擇表現表達的方式。

一八三

藝術家不可閹割自己，變成表達上的無能者。

一八四

藝術家不應該破壞藝術來表現自己。

一八五
藝術家要認眞思考藝術爲何物，它有什麼特質，它的功能何在。

一八六
不是一切人間的問題都可以用寫詩來解決。不是一切人間的問題都可以用歌唱來解決。也不是一切人間的問題全都可以用繪畫來解決。

一八七
藝術是高度的文化成就。藝術活動不是像吐口水、擤鼻涕一樣的粗俗舉動。

一八八

我們容許藝術垃圾，當那些藝人精神失調，無知無識的時候。這是人類有情相待、同情瞭解的表現。不過無情的時光終將清掃這些垃圾，不讓它污染人間天地。

一八九

粗暴的人失常失態而強姦少女，藝術家怎可無知無識地強姦一般人的品味與良知。

一九〇

每一種表達的媒介都有它的優點和缺陷，有它的特長和不足，藝術媒介亦然。藝術家感受到自己表達上的無能爲力時，他儘可以「投筆從戎」、改行換位，但不可以對自己進行的藝術活動自瀆自閹、自貶自棄。

二流三流的人成不了藝術家，理由在此。他們即使有感受，也欠缺胸懷；他們即使具有胸懷，也欠缺智慧。

一九一

藝術家也得忍辱負重，不可以輕易變成不甘寂寞的人。

一九二

不是膽大、不是狂妄、不是敢做敢爲就是藝術家。

在衆人面前暴露性器官的人最膽大、最狂妄、最敢做敢爲。

有好多製造藝術垃圾的，實際上是精神上的性暴露者，是吞吞吐吐的「傷風敗俗」的人。

一九三

我們不妨問一問製造藝術垃圾的人，他們為人間帶來什麼優美？帶來什麼高貴？帶來什麼價值？

這不是心胸狹窄的「汎道德論證」。我們不應以道德領導藝術。正相反地，我們應該以藝術來領導道德。可是試問：那些藝術垃圾能領導出什麼人間的道德？

一九四

藝術不一定要與道德明顯牽連。可是那些憤怒的藝術家，不是表現得很有時代抱負，很有道德勇氣的樣子嗎？

一九五

性事爲什麼要在隱私之下進行？因爲藝術與猥褻之間只有一線之差。

愛情與性慾亦復如此。

一九六

並非凡是眞理就可以一眼爲人所認知。不是凡有價值的就可以隨意粗野暴露而仍然保留它原有的意義。

一九七

藝術家不是一些小心細緻的人嗎？他們怎會無知無識，不做應有的分際，粗野任性爲之?!

一九八

藝術家在創造藝術垃圾時，一方面高估了自己個人可望佈施的影響力，另一方面低估了優秀作品長遠深入的人生功能。（久而久之，這些藝術家不可避免地淪爲末流，變成藝術上的無能者。）

一九九

一個時代的藝術工作者背離了藝術精神，藝術並不因此而死亡，它在其他人的內心裡尋找到另一處發芽成長的溫床。

二〇〇

有時藝術工作者變成危害藝術的人。這時凡常人的純樸心智反而令藝術復活再生。

二〇一

藝術像其他文化產物一樣，並不是只有單一的類型。我們可以有高難度的精英藝術，也可以有低難度的「常人藝術」。插花可以成藝術，擺設可以成藝術，走路可以成藝術，接吻可以成藝術，性事可以成藝術……。
「可以成」不等於「自然是」，更不等於「一定是」。我們仍然需要謹慎處理，精心製作。

二〇二
藝術也有普及化的要求和其難題。普及令一般人易於接受和瞭解，使藝術品產生更廣大更深遠的影響。另一方面，普及化的結果也令更多沒有訓練、未加精製的成素滲入藝術創作之中，爲藝術引進欠缺氣質、不夠品味的成份。

二〇三
科學理論的精湛處，不一定每一個人都可以理解。同理，藝術作品的精彩者，也不一定凡人皆懂得欣賞。

二〇四

藝術像愛情一樣，有它人間的條件，更有它天上的品質。

二〇五

藝術可以爲社會和政治的理想服務，但不可以先在政治或社會的壓力下，自瀆自貶，進一步屈辱求寵。

二〇六

許多藝術家以爲只要是眞實的表達就是最完善的表達。這是天大的錯誤。有些人以爲只要是眞眞實實的表現就是有價值的表現。這是更大的錯誤。

二〇七

同樣是內心的眞實，也要看內心所懷有的到底是無價珍寶或是污穢垃圾。

二〇八

如果凡眞實就是完善而有意義的，那麼我們儘可以隨地小便吐痰，當街排屎性交。

二〇九

藝術是性靈的產物，不是本能衝動的發洩。

二一〇

當然一個藝術家可以帶著藝術的技法去從事其他種類的工作。他給人的是藝術家的印象，但從事政治宣傳或社會改革的活動。像是一個女人帶著他人的「遺腹子」改嫁。也像是掛羊頭賣狗肉。

二一一

藝術像
愛情一樣，
有它人間的條件，
更有它
天上的氣質。

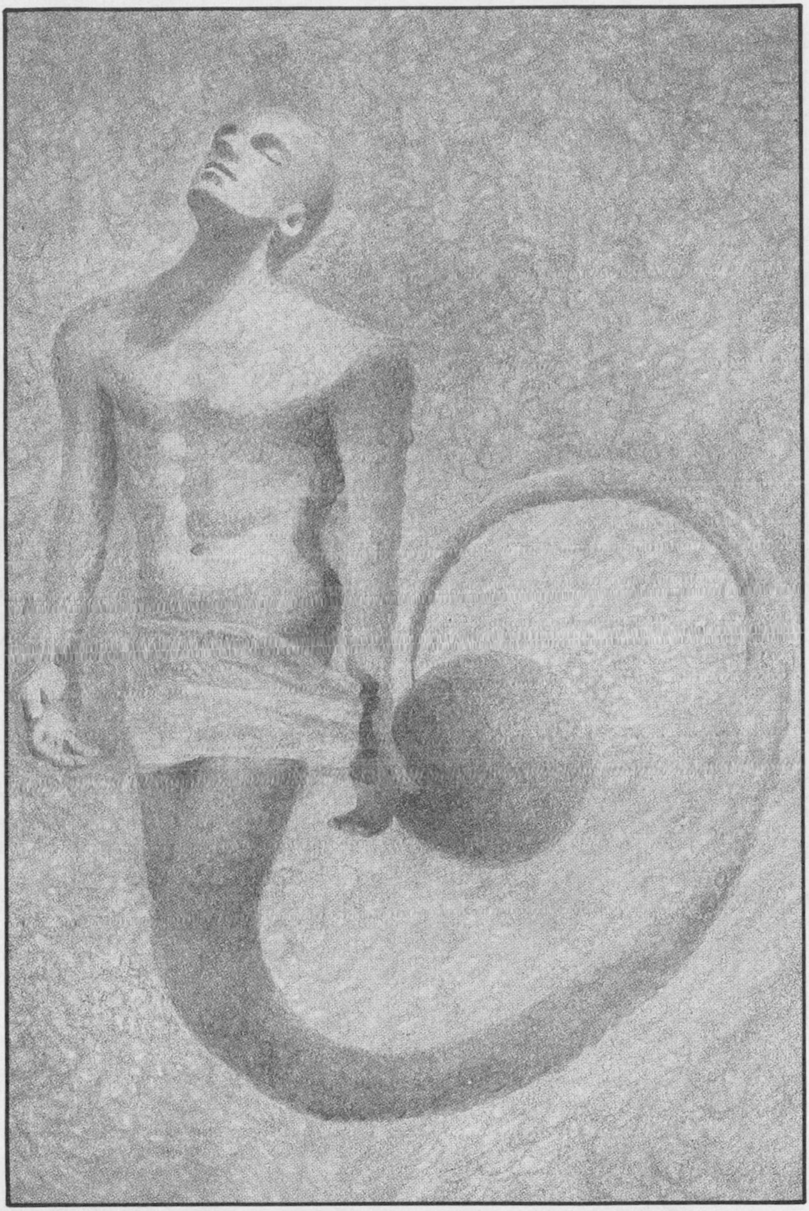

懷著遺腹子改嫁並不一定是件壞事——只是那不是新人自己的孩子。

掛羊頭賣狗肉也不見得是件什麼聳人聽聞的事。那可能是足以惑人的宣傳手法，那是今時今世屢見不鮮的事。

二一二

藝術家放棄藝術，自有人接手從事藝術活動。只是他們的作爲與表現容易將藝術精神弄得混淆不清，眞假難辨。

二一三

政治改革或社會改造的喊吶理應清楚明確。藝術家爲什麼要出以隱喻多端，含混艱澀的語言？

藝術家難道說不出清晰明白的話語，需要如此吞吞吐吐？

二一四

藝術家啊，不要只訴諸敏銳多情的感觸，而不用清醒明朗的頭腦。

藝術不只是人類的情懷，它是人類文化的精華成就。

二一五

「前衛藝術家」以爲他們可以否定傳統，甚至進一步斷絕傳統；事實上，反抗傳統必先正視傳統，觸發它，拓展它，對它加以重新計慮與安排。

二一六

藝術本身就是文化的產物。

文化是人類生活的傳統。

藝術是文化傳統的產物。

二一七

離開文化傳統，藝術無物。

人類無法理解離開文化傳統的事物。

（人類的理解是在文化傳統中進行的。）

二一八

在藝術的領域裡也好，在其他文化的領域裡也好，後來的人的努力在於解決前人所無法解決、或忽略而不知去正視的問題。他們不在於放棄自古以來同行同好所追尋的目標與精神。

二一九

藝術家的努力在於改進藝術，不在於否定藝術，不在於背叛藝術，不在於捨棄藝術。

二二〇

表面上看來，性事好像是最親密的人間關係。事實上，它也是最易破碎的愛情藝術。

二二一

在性事裡，我們面臨愛情當中最孅細的環結。

二二二

相互謙卑是愛情當中的相敬相愛。彼此含忍才是感情意義裡的親密不分。

二二三

在完美的性事裡，往往一方表現含情的謙卑，另一方面懷著心甘情願的含忍。

二二四

在完美的愛情裡，性事講究自我謙卑，發揮含忍包容。

二二五

愛情以對方爲主體，野蠻的性事令對方淪爲空白的記號。

二二六

空白的記號只有形式沒有內涵。它也許有用途，但卻沒有意義。

二二七

在愛情中，有時自己屈居空白記號的地位。那是爲了保全對方，免他淪爲空白的記號。

二二八

自己屈居空白記號的地位，並不表示自己終久只是空白的記號。

二二九

性事常常是愛情當中一個難以避免的兩難情境。

二三〇

感情的提升是自己不是空白的記號，但在兩難的情境裡，寧可自己暫時屈居空白記號的地位。

二三一

感情的破滅往往起於把對方當成空白的記號——當作可以由自己隨意代入意涵的記號。

二三二

人不是被使用的對象，也不是隨意被賦值的記號。

二三三

賦情是一種賦值。

二三四

空白的記號欠缺明確的意含。

二三五

性事常常是空白的記號。

二三六

性事常常欠缺明確的意含。

二三七

人類創造使用記號。

但人本身不是隨意被人創造使用的記號。

二三八

人不只是空白的記號——雖然有時性事只是空白的記號。

二三九

人類追尋的是記號的內涵，不是記號的表面形式。

二四〇

人生是記號。
我們自己賦予自己的人生記號的內涵。

二四一

人類的文化有時徒具記號的形式。
人類的文明卻經常滿藏記號的內涵。

二四二

有時人生徒具記號的形式。

有時生命充滿記號的內涵。

二四三

性常常徒具記號的形式。

愛永遠充滿記號的內涵。

二四四

些微的異化令人生呈現可辨認的紋理。

過多的理解把人生變成邏輯的記號。

二四五

邏輯注重形式，它常常顧不了內容。

二四六

理解把自己當成似物一般的對象。

二四七

理解是一種異化。
建構製模是一種疏離。

二四八
邏輯異化生命。
藝術擁抱人生。

二四九
性事跟從它的邏輯。
愛卻尋找它的藝術。

二五〇
邏輯將人生製模。
藝術令生命還原。

二五一
邏輯趨向口舌。

性常常徒具
記號的
形式。
愛永遠充彼
記號的
內涵。

藝術導入心懷。

二五二
邏輯令我們產生對談的語言。
藝術令我們接觸互相感應的心靈。

二五三
拘泥於邏輯的人架起一座長長的橋，不知走向一條藝術的路。

二五四
人生常常需要架設邏輯的橋，開拓藝術的路。

二五五
敍說得清晰明確的是邏輯。
表達得豐富深刻的是藝術。

二五六

藝術令邏輯產生有血有肉的對象。
邏輯令藝術發展有骨有架的定型。

二五七

人生是藝術，只是它穿著邏輯的外衣。

二五八

先有語言的藝術，後有語言的邏輯。
先有人生的藝術，後有人生的邏輯。

二五九

有人類就有藝術。
有了藝術之後，才產生邏輯。

二六〇

如果沒有邏輯，人還是動物。

假定欠缺藝術，人只淪爲機械。

二六一

邏輯傾向約束。

藝術追求解放。

二六二

藝術的邏輯提供理解。

邏輯的藝術指向創造。

二六三

生命的意義在於創造和欣賞。

人生的目的不在於理解和表白。

二六四

藝術的邏輯將感情淺化。

邏輯的藝術令理性深刻。

二六五

感情創造藝術。
邏輯解注藝術。

二六六

感情創造人生的內涵。
邏輯解注人生的形式。

二六七

邏輯是理性的顯示。
藝術是感情的發揚。

二六八

理性訴諸符號。
感情趨向象徵。

二六九

理性打出鮮明的邏輯旗幟，重重約制藝術。

感情發揮優美的藝術內涵，默默涵容邏輯。

二七〇

理性在約定俗成的規則中表現清晰明確的面貌。

感情在創造開發的過程裡出示多元豐富的姿采。

二七一

理性尋求規則。

感情製作榜樣。

二七二

邏輯尋求規則。

藝術製作榜樣。

二七三
人生不在尋求規則。
人生在於創作榜樣。

二七四
理性的成長導致感情的鮮明。
感情的深刻消退理性的分際。

二七五
理性在於辨析。
感情在於包容。

二七六
理性助理呈現感情的線條與顏色。

二七七

理性並不改變感情的內涵，它只令感情容易理解。

二七八

理性可能安排愛的形式，但卻不改變愛的內涵。

二七九

有理性的人是感情穩重的人，也可以變成感情深刻的人。

二八〇

多元感情無法用一元的理性加以規範。

二八一

理性容有多元的規範。

二八二

秉持多元主義，則難以開拓絕對理性，但卻無法抵擋絕對感情。

二八三

絕對感情起於終極關懷和最後志節。

二八四

感情趨向絕對，因爲它立志完美。

二八五

感情立志超脫的完美，不是著眼塵世的滿足。

二八六

滿足是一份感覺。
感情不只是一份感覺。

二八七

感情可以是一種理性的追求，雖然它不志在追求理性。

二八八

理性的開拓必須正視感情本身的追求。

二八九

理性可以是一種感性的追求，雖然它不志在追求感情。

二九〇

理性起於自我克制，它是一種感情的形式。

二九一

理性常常只計較形式。感情卻永遠照顧內涵。

二九二

青綠的女子是愛的希望。

成熟的女人是情的蜜汁。

二九三

人生的希望創造無數的夢想。

生命的蜜汁蘊發不盡的甜美和溫馨。

二九四

一個女子在她情人的心目中，不只充當個人自己的記號，她也扮演女性一般的記號。(因此對一個女子失望往往演成對女性的失望。)

二九五

失望是不願回看這世界。

理性起於
自我克制。
它是一種
感情的
形式。

失戀也是如此。

二九六
愛的時候那麼勇往直前，無懼無畏。爲什麼不愛的時候依然那麼牽腸掛肚，無可無奈？

二九七
燒毀了往日的記憶，也斷滅了明日的希望。否定了昨天的情語，日後也失去了愛的符號。

二九八
情叛不只是一聲決裂，它更是一陣痛傷。

二九九
情叛不只是一盤否定，它更是全心的毀滅。

三〇〇

情傷之後，人只是一半活著——那無關緊要的一半。

三〇一

壓抑在沈重的情苦之下，人不能自由呼吸，也不能暢快希望。一切都變得陰陰暗暗，哀哀傷傷。

三〇二

人要怎樣從情苦之中重新活過——否定自己？否定他人？否定這個世界？

三〇三

有時人需要第二個生命，才能醫治情痛的創傷。

三〇四
人只有一個生命，怎堪無情地任意加以否定？

三〇五
人之將死是最後放鬆了一口摒住的氣。
人之絕望是最後放棄一心緊握不放的希望。

三〇六
絕情而去，正好似絕塵而去一樣，空留一片滿天烏灰的塵沙和傷懷無盡的愁悵。

三〇七
心已死亡，情何依附？
人已絕望，愛又何堪？

三〇八
失戀的人對自己說：本來我對這世界有一份沈

溺的喜愛，現在宣佈放棄。

三〇九

浸潤在愛的幸福的日子，你是感情的貴族，不屑於平靜的生命。

從情的創傷裡失落的時刻，你變成人生的乞兒，只期望當個安安靜靜的平民。

三一〇

單純的失戀令你走回感情的平民——依然可望保留原有的信心和尊嚴。

情人的背叛使你淪爲人生的乞兒，剝奪了重新收拾心情的信念。

三一一

從頭拒絕相愛，只讓感情死亡。

中途感情背叛，徒令生命幽怨迴盪。

三一二

愛情在充滿信心的日子所向無阻，一帆風順。當它欠缺了互信之後，難關重重，寸步艱辛。

三一三

需要彌補的感情是走起來倍加辛苦的感情。

三一四

情叛之後，並非絕對不能彌補，只是走下去倍加辛苦。

三一五

辛苦有時只是個人瞬間的感覺，有時卻是客觀難以超越的死結。

三一六

個人的感覺只要堅忍承受，等待消逝飄遠。可是不能輕易加以遺忘的，卻是人性的理想。

三一七

有時我們實在不想再張眼觀看這個世界，但是在我們永遠閉眼瞑目之前，也希望努力保留它的美好。

三一八

這個世界有時令你感到失望，因爲許多事並不是單靠自己的努力就可以成就。感情的事常常就是如此。

三一九

愛情瀕臨絕望的人是個精神世界崩潰的人。精神世界崩潰的人是個沒有靈魂依據的人。

三二〇
修復不了內在的精神世界，生命的意義無法重新建立。

三二一
純情的愛是精神主義者的生命靈魂。當他的愛情破滅，他的精神世界也跟著毀壞。

三二二
在情的失落裡，絕望的哀傷一直侵蝕著本來歡欣的靈魂，令它消蝕，令它衰老。

三二三
在情的失望裡，人變成一尊石像。別人看你栩栩如生，而你自己卻沒有半點生命。

三二四

人性眞是如此無救，什麼眞情都沒有肯定的保證？

三二五

人性往往需要上天的啓示。

三二六

人性需要神性的保證。

三二七

莫怪記憶終將褪色。
只怕感情日久蒙塵。

三二八

傷懷一夜成憔悴。
往事過眼盡雲煙。

人性需要
神性的
保證。

三二九

一夕傷懷，足以致命。
一次失足，悔恨終身。

三三〇

愛情的背叛是一把利刀，對方親手揷穿在你的心上。

三三一

情令都市的街邊留下美麗的名字。
情的背叛令這些記號蒙塵沾汚。

三三二

曾經令兩人心馳神往的都市街頭，只因情叛變得平淡無奇，回憶起來甚至滑稽可憎。

三三三

以往爲了對方，每一滴汗都顯得溫暖甜蜜；如今情的失喪令那記憶變得虛幻空白。

三三四

兩人曾經用濃情蜜意編寫的人生詩句，只因一聲情叛，完全淪爲殘跡和灰燼。

三三五

情不是用言語來助長，它是用心靈去宣判。

（人欲情叛，何患無辭？）

三三六

遺憾的不是我們追求情愛。

遺憾的是我們沒有從事一份不會遭遇情叛的愛情。

三三七

人最虛弱的時刻是感情受創的時刻。

三三八

感情受創的時刻是不能面對自己的時刻。

三三九

人最虛弱的時刻是不能面對自己的時刻。

三四〇

人可以不理會他人，但卻不能逃避自己。

三四一

這個世界海闊天空，但失落的心靈卻無處逃避。

三四二

心靈的事只能以心靈去面對。

心靈的事不能通過肉體去迴避。

三四三

在感情上，心靈與肉體之間最顯現出彼此的分際和爭鬥。

三四四

在情上，以往的努力終於付諸流水，那本是心甘情願。可是，倘若過往的眞心換來殘忍的否定，那就令人不知如何面對自己。

三四五

傷心尚有一份實在的感覺。絕望是連一絲生命的氣息都付諸闕如。

三四六

痛苦尚有一份生命的感受。
絶望卻是一片死亡的虛無。

三四七

戀情的轉向只換來不堪回首的往事。
可是愛情的否定卻令過往的生命變得虛幻空白。

三四八

殺傷一個人是一份有生的沈痛。
毀滅一個理想是一件永恆的遺憾。

三四九

殺傷一個人是一樁塵世的罪行。
毀滅一份愛是一種天上的欠德。

三五〇

自我的消損只是一時的消損。
理想的毀滅是長遠的毀滅。

三五一
愛情徹底失敗之後，你變成一個沒有信仰的人。

三五二
當對方無條件地愛你的時候，當心自己不經意地跨越了愛的邊界。
（我們常常在愛人的時候提升自己，卻在被人所愛的時候令自己墮落。）

三五三
個人無論抵達何種地步，人性另有一層更高更遠的境界。

三五四

人性的崇高以神性爲止境。

三五五

神性沒有止境。

三五六

人性的崇高沒有止境。

三五七

如果傷痛只因私心，那又何需計較？假若自己的失落卻是他人的欣歡，那又何必急於爲人性哀嘆。

三五八

只要你增加了世界的美好，何必理會情的失敗爲你帶來什麼樣的痛傷。

三五九
只要你沒有敗壞人性的崇高，何必追問在愛情中你所受的傷創多深。

三六〇
在情的失敗裡，我們怎能開口埋怨這世界？當我們這麼做，豈非更加埋怨心愛的人？

三六一
忍受軀體的衰敗和消損，呑含心志的受屈和遭辱，寄望人性的提升和保全。

三六二
戀情的成功往往只造就了私心的滿足。可是愛情的痛苦卻常常成全了人性的崇高。

三六三

個人的感情即使徹底失敗，但是人類卻依舊寄望著愛的純潔與崇高。

三六四

像老樹因蟲蛀挖空了底幹，但它仍然努力維護枝葉的青綠。當我們因情消蝕衰老，依然可以努力維護人性第二層次的美好。

三六五

在愛情的絕望裡，令人不因私情而破滅人性的寄望的，是一份更高價值理想的追求。

三六六

戀情只是一陣個別對象的投入。愛心卻是一份普遍人性的情懷。

三六七

個人的私情容易破滅，可是超凡的愛心依舊是高懸人生廢墟上空的星光。

三六八

濃烈醇香的愛情變質之後，若能加以淨化澄清，或可化做清淡雋永的親情。

三六九

清純的愛心常常蘊藏著一份親情。

三七〇

親情是一份不會遭遇背叛的感情。幼幼之情也是。

三七一

沒有親自體嚐被情人背叛，也就不明白有時戀情竟會如此殘忍。

三七二

見到世間純潔的愛，誰能敷衍苟且自己的情？

三七三

有時我們寧願寄情風與月，因爲它們不會背叛我們的眞心。

三七四

有時我們只好求問天和地，何故人間少有不會背叛的眞情。

三七五

親密的記憶被沾汚之後，往事如同一場惡夢，破滅一切的眞誠與美好。

三七六
兩心不再契合，眞情變成傻笨——愈濃烈的眞情變成愈明顯的傻笨。

三七七
我們常常在眞情裡演做許多癡傻的事。

三七八
眞情常常蘊涵一種癡傻的本質。

三七九
失望是對方不再是你所愛的人。

三八〇
失望是你所愛的並不是你所敬重的人。

三八一

感傷的不是對他沒有了興趣。
失望的卻是對他失去了敬重。
（有所愛者有所敬，無所敬者無所愛。）

三八二

癡情的綠葉對牆外的紅花說：我雖爲眞情而含
淚，但你已不再是我所敬愛的象徵。

三八三

愛的失望是不再投入。
情的消蝕是了無牽掛。

三八四

人生可以不再投入？
人性可以了無牽掛？

三八五

即使人們知道感情的事終歸失敗，但是仍然照樣默默相愛。

三八六

我們對人生懷抱無窮的信心。我們總是為人性投入無比的希望。

三八七

情有痛苦，愛有希望。情有過去，愛有將來。

三八八

情有塵世的痛苦，愛有天上的希望。情有迷惘的過去，愛有清澈的將來。

三八九

親密不一定爲了做什麼——只要兩人一起分享同一個愛的時空。

三九〇
熱戀時容易無知地以爲性是情的明證。平淡之後才猛然驚醒情才是性的精華。

三九一
人在熱戀之際易於走向物質主義，卻在失敗之時無法抽身自精神的心靈空間。

三九二
純眞的愛創造未來的親密。妒忌的情破壞已有的美好。

三九三
邏輯無視自己浪漫的眞情。

眞情不忘自己堅忍不屈的邏輯。

三九四

自由戀愛的最大危機是令一些人對愛情失望。

三九五

自由戀愛的最大困境是令許多人在太年輕的日子裡浪費了許多純眞優美的感情。

三九六

世上不是每一片地方皆是美景，可是當你遇上一處佳境，你會流連忘返。人間不是每一次遭遇都是感人的事跡，可是當你遇上清麗的眞情，你會全心投入。

三九七

理論塑造我們的認知，但它並沒有改變外在的

邏輯無視自己
浪漫的
真情。
真情、不忌自己
堅忍不屈的
邏輯。

世界。

三九八
愛情的可貴在於它改變甚至塑造愛的對象。

三九九
盲目的愛情常常只停留在「理論」的層次。它也許塑造我們對於他人的認知，但卻没法改變對象的品質。

四〇〇
情人眼裡的西施起於情人眞實的眼睛，但卻建立在「理論」的西施之上。

四〇一
愛情不只是一種理論。

四〇二
理論總是停落在公衆語言的層次。
愛情常常發自私人語言的世界。

四〇三
愛情容有公衆語言的詮釋，但卻只有私人語言
的明證。

四〇四
公衆的記號重視世代相傳的普遍性。
個人的語言珍藏動情感懷的特殊品質。

四〇五
動情的不是普遍的品質。
感人的卻是特殊的情意。

四〇六

重要的眞實常常没有可靠的歷史。
重要的歷史有時欠缺感人的眞實。

四〇七

人生充滿生動感人的歷程，歷史把它加以理論的公式化。

四〇八

情懷精微之處難以傳立言語。
能夠傳立言語的常常只是一般平凡的表面。

四〇九

眞實的記憶經常隨著無情的時光而埋葬。
傳留的記錄苦苦保留不住最親切的眞實。

四一〇

最親切的眞實寫在私人的語言中。

四一一

最親切的語言只有一個知心同情的讀者。

四一二

人類最動心的故事可能盡在墳墓枯骨之內。世間最眞實的情懷或許全在清風原野之間。

四一三

愛的感情將身體和心靈記號化，賦上了特定的人性意義。

四一四

愛不只是身體的記號，它更是心靈的記號。

四一五

愛不只是身體的語言，它更是心靈的語言。

四一六

性是身體的語言，有時努力提升成爲心靈的語言。

四一七

感情是一種記號關係，它是一種意義關係。

四一八

愛是一種記號——一種賦有意義的人性記號。

四一九

彼此充當同類記號的人產生該類的記號關係。

四二〇

人間最親密的關係是互爲愛情的記號關係。

四二一

每一件事物都可以是一個記號——不斷代表自己和表現自己的記號。

四二二

記號最基本的功能是自我代表，自我指涉和自我發揮。

四二三

記號最重要的貢獻是突出心靈，喚發心靈和開拓心靈。

四二四

每一個人都是一個記號體。人在不同的人間關係中，成就了不同的記號。

四二五

每一件事物之所以不斷地對我們具有意義，因爲它老是充當一個可以裝載意義的記號體。

四二六

身體只是記號體，心靈將它演繹成爲富有意義的記號。

四二七

人的身體正好似樂譜上的音符一樣，端賴我們的情意將它演繹成爲一曲可聽的樂章。

四二八

愛將對象加以記號化。

四二九

相愛是彼此互相的記號化。

兩人在彼此的投射之間，互相產生心靈的意

義。

四三〇

情人是被投射著滿懷愛意的記號體。愛的心意將對象演化成爲情的記號。

四三一

記號是抽象的事物，因此它不因記號體的變化而變化。

四三二

愛是記號，它不因軀體的變化而變化。

四三三

眞正的愛不因時空的變化而消蝕。

四三四

爱是
记忆。
它不因躯体的
变化而变化。

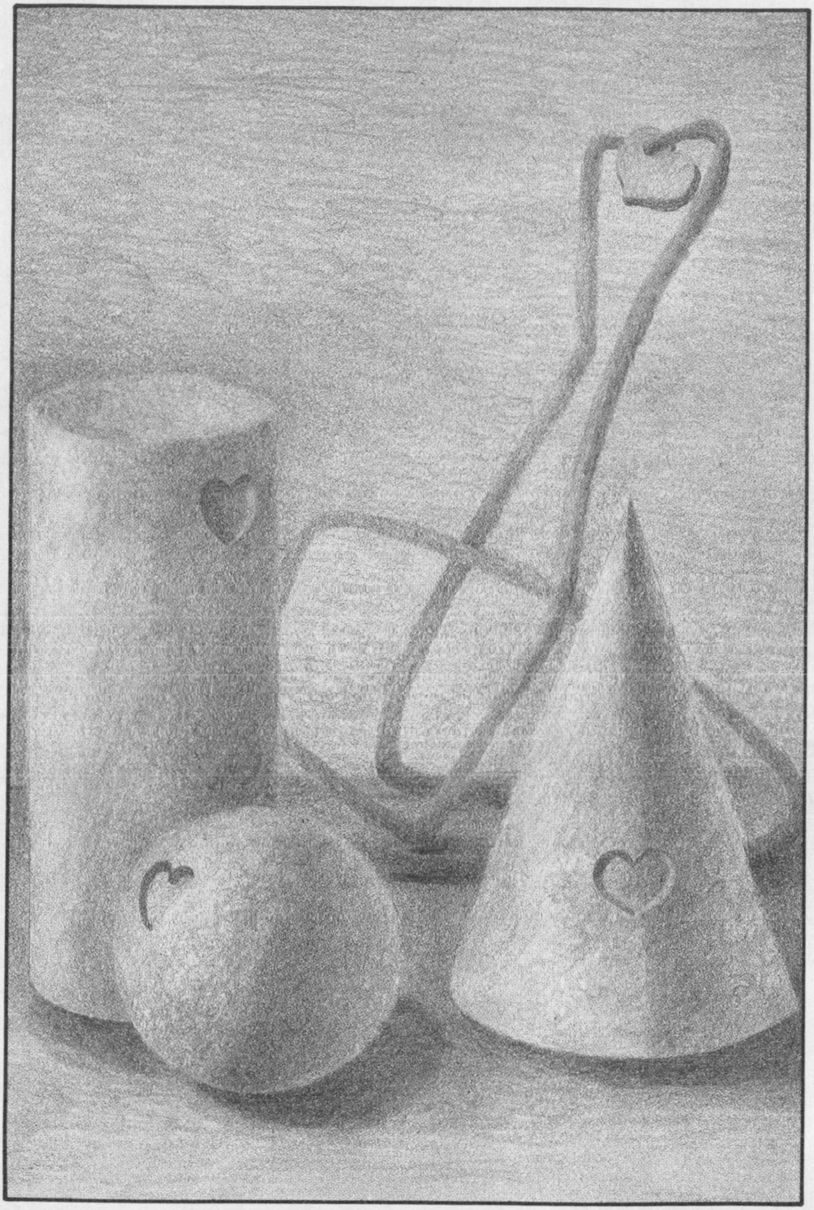

記號體是時空裡的事物，意義卻是恆常的存在。

四三五

意義沒有時空性。

四三六

愛沒有時空性。

（眞正的愛是天上的情。）

國立中央圖書館出版品預行編目資料

人生小語. 五, 愛情・性・藝術／何秀煌著
.--初版.--臺北市：東大發行：
三民總經銷, 民83
面；　公分
ISBN 957-19-1575-0（精裝）
ISBN 957-19-1671-4（平裝）

1.格言　2.修身

192.8　　83005204

© 人 生 小 語（五）

著作人　何秀煌
繪圖者　吳銘書
發行人　劉仲文
著作財產權人　東大圖書股份有限公司
臺北市復興北路三八六號
發行所　東大圖書股份有限公司
地　址／臺北市復興北路三八六號
郵　撥／〇一〇七一七五
印刷所　東大圖書股份有限公司
總經銷　三民書局股份有限公司
門市部　東大圖書股份有限公司
復北店／臺北市復興北路三
重南店／臺北市重慶南路一段六十
初　版　中華民國八十三年七月
編　號　E 85241①
基本定價　叁元柒角捌分
行政院新聞局登記證局版臺業字第〇一九七號

ISBN 957-19-1575-0（第五冊：精裝）

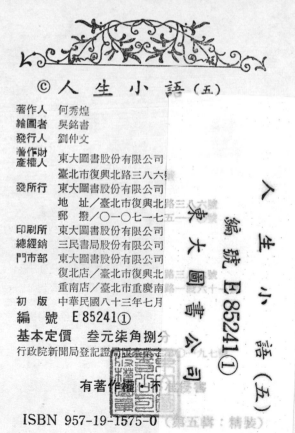